UNICORN

COLORING BOOK FOR GIRL

Doodles Cutes Designs

COLORING BOOKS FOR ADULTS

This Book
belongs to

\- - - - - - - - - - - - - - - - - - -

\- - - - - - - - - - - - - - - - - - -

\- - - - - - - - - - - - - - - - - - -

TEST YOUR COLOR

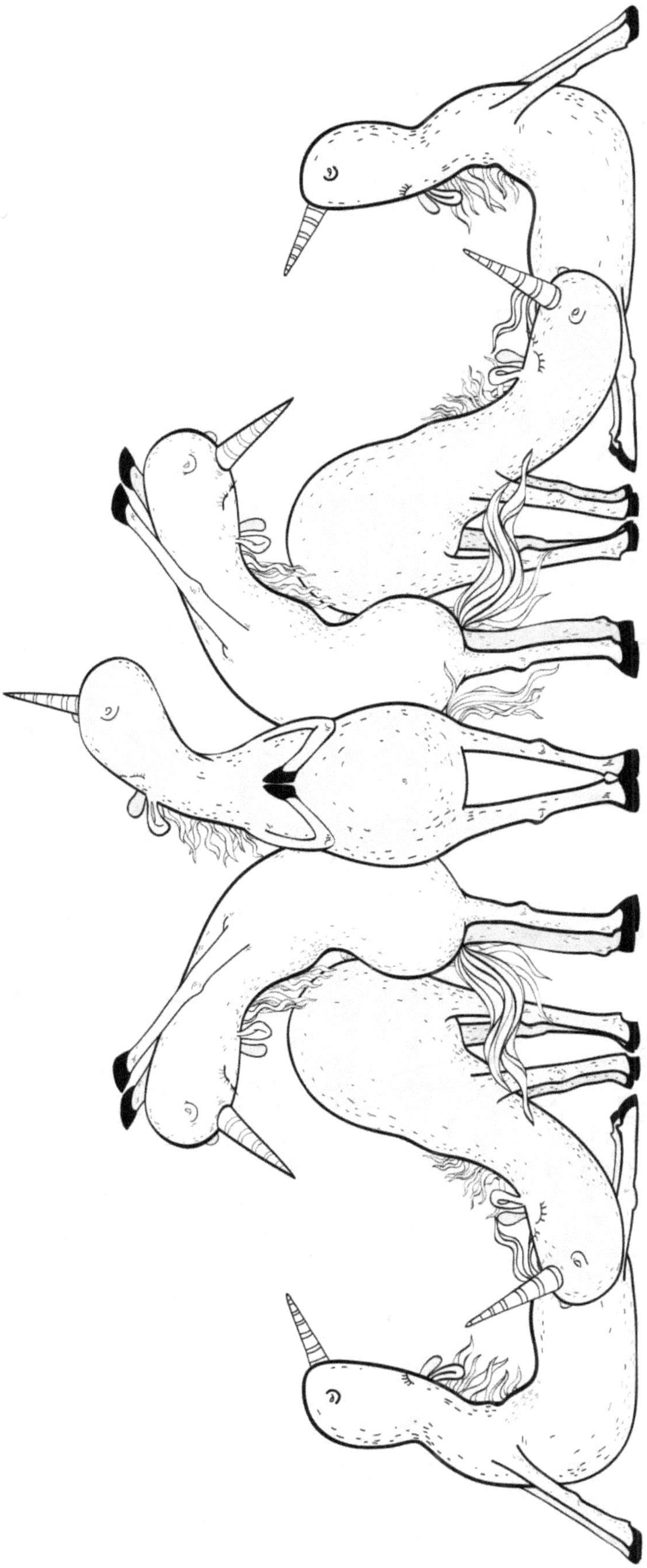

LOVE

MAGIC

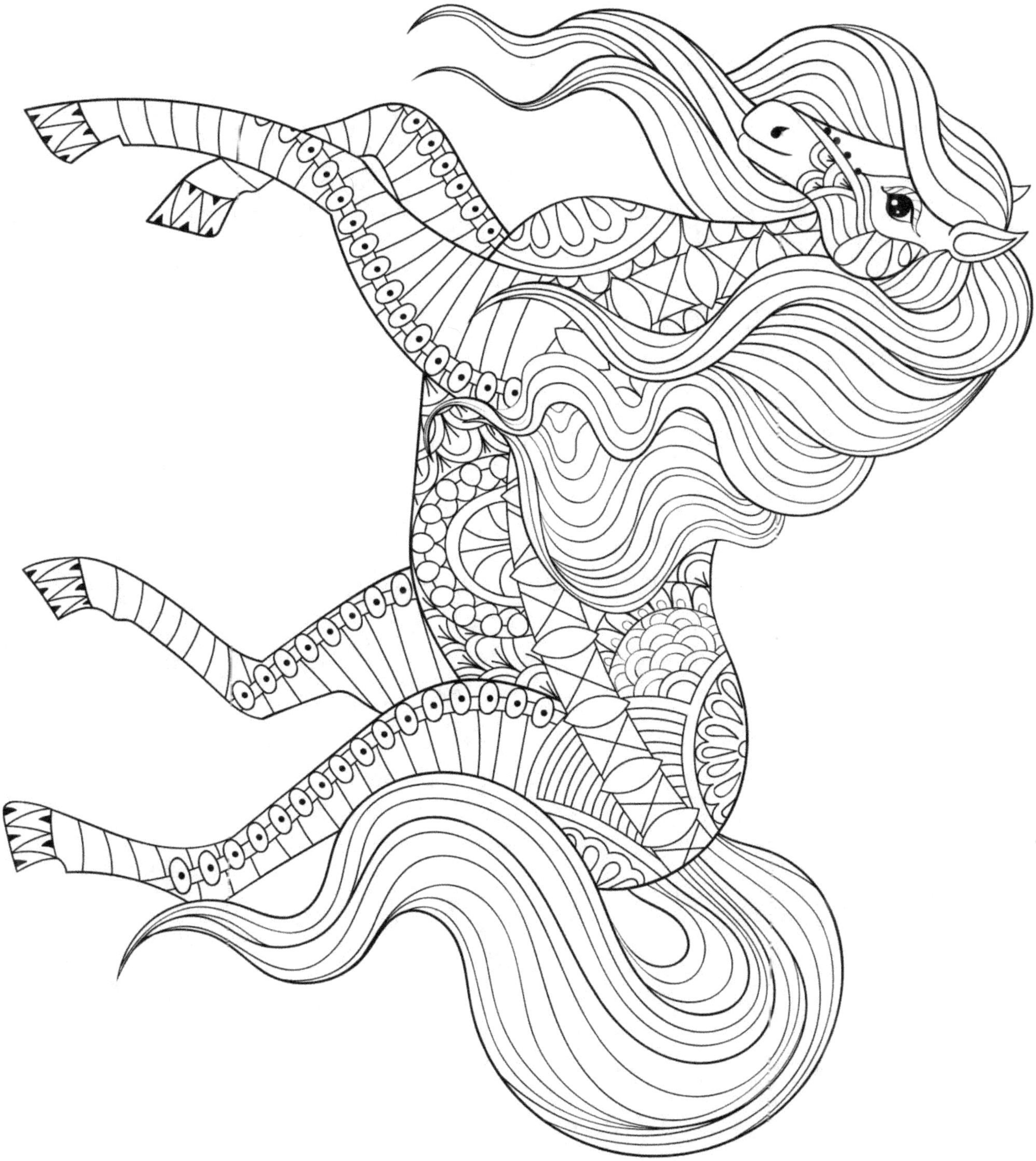

LOVE

www.ingramcontent.com/pod-product-compliance
Lightning Source LLC
Chambersburg PA
CBHW081422280526
45788CB00009B/3196
9781543030518